ARTE

ANGELA ANITA CANTELE

Bacharel em Artes Plásticas pela Faculdade de Belas-Artes de São Paulo. Licenciatura plena em desenho pela Faculdade de Belas-Artes de São Paulo. Decoração de interiores pela Escola Panamericana de Arte. Cursos de artesanato, dobradura, pintura em tela, aquarela, guache, entre outros. Professora do Ensino Fundamental e do Ensino Médio. Autora de livros didáticos e Arte-educadora.

BRUNA RENATA CANTELE

Mestra em Educação, orientadora educacional, pedagoga e historiadora. Curso de desenho artístico e publicitário com o professor doutor Paulo da Silva Telles. Curso de história da arte em Florença e em Veneza, na Itália. Professora do Ensino Fundamental e do Ensino Médio. Assessora pedagógica e autora de livros didáticos e paradidáticos.

4ª edição
São Paulo
2023

2.º ANO
ENSINO FUNDAMENTAL

Eu gosto m@is – ARTE
2º ano
© IBEP, 2023

Diretor superintendente	Jorge Yunes
Diretora editorial	Célia de Assis
Editores	RAF Editoria e Serviços
Assistentes editoriais	Isabella Mouzinho, Stephanie Paparella, Isis Ramaze, Daniela Venerando
Revisores	RAF Editoria e Serviços, Yara Afonso
Secretaria editorial e processos	Elza Mizue Hata Fujihara
Departamento de arte	Aline Benitez, Gisele Gonçalves
Assistentes de iconografia	Victoria Lopes, Irene Araújo e Ana Cristina Melchert
Ilustração	José Luís Juhas, Lie Kobayashi
Produção Gráfica Editorial	Marcelo Ribeiro
Projeto gráfico e capa	Aline Benitez
Diagramação	Nany Produções Gráficas

Impressão - Gráfica Mercurio S.A. - Agosto 2024

Dados Internacionais de Catalogação na Publicação (CIP) de acordo com ISBD

C229e Cantele, Angela Anita

Eu gosto m@is : Arte / Angela Anita Cantele, Bruna Renata Cantele. - 4. ed. - São Paulo : IBEP - Instituto Brasileiro de Edições Pedagógicas, 2023.
il. ; 27,5 cm x 20,5 cm. - (Eu gosto m@is 2º ano)

Inclui anexo.
ISBN: 978-65-5696-423-2 (Aluno)
ISBN: 978-65-5696-424-9 (Professor)

1. Educação. 2. Ensino fundamental. 3. Livro didático. 4. Arte. I. Cantele, Bruna Renata. II. Título. III. Série.

2023-1192
CDD 372.07
CDU 372.4

Elaborado por Odílio Hilario Moreira Junior - CRB-8/9949

Índice para catálogo sistemático:
1. Educação - Ensino fundamental: Livro didático 372.07
2. Educação - Ensino fundamental: Livro didático 372.4

4ª edição – São Paulo – 2023
Todos os direitos reservados

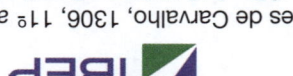

Rua Gomes de Carvalho, 1306, 11º andar, Vila Olímpia
São Paulo – SP – 04547-005 – Brasil – Tel.: (11) 2799-7799
www.editoraibep.com.br
editoras@ibep-nacional.com.br

APRESENTAÇÃO

O livro **Eu gosto m@is – Arte** traz momentos nos quais você poderá aplicar técnicas artísticas, como: pintar, desenhar, modelar, recortar e colar, dançar, dramatizar, cantar, fazer artesanato e muitas atividades nas quais você poderá explorar a sua criatividade.

Neste livro você vai conhecer tipos de trabalhos artísticos, alguns artistas e suas obras, fazer releituras e acrescentar arte à sua vida.

Você verá que toda vez que somos capazes de produzir algo com a arte, sentimo-nos realizados.

Um bom ano de estudos em **Eu gosto m@is – Arte**... e conte conosco.

As autoras

SUMÁRIO

Lição 1 – Observando e aprendendo cores 7

- Atividade 1 – Conhecendo as cores primárias 8
- Atividade 2 – Trabalhando com as cores primárias 9
- Atividade 3 – Desenhando e pintando com as cores primárias 10
- Atividade 4 – Pintando sobre lixa 11
- **Atividade 5 – É tempo de Páscoa – Recorte e colagem** 12
- Atividade 6 – Completando e desenhando linhas 13
- Atividade 7 – Recorte, dobradura e montagem – Gato 14
- Espaço para a colagem do gato 15

Lição 2 – Conhecendo as cores secundárias 16

- Atividade 8 – Trabalhando com as cores secundárias 17
- Atividade 9 – Pintando com tinta guache – Cores secundárias 18
- **Atividade 10 – Dia das Mães – Cartão** 19
- Atividade 11 – Pintando com as cores primárias e secundárias 20
- Atividade 12 – Rasgar papel também é arte 21

Lição 3 – Teatro de sombras 22

- Atividade 13 – Teatro de sombra com as mãos 23
- Atividade 14 – Teatro de sombra com bonecos de vara 24
- Atividade 15 – Jogos teatrais 25
- **Atividade 16 – Dia dos Pais – Cartão** 26

Lição 4 – Conhecendo Tarsila do Amaral 27

- Atividade 17 – Pintando a obra O lago, de Tarsila do Amaral 28
- Atividade 18 – Pintando com giz de cera 29
- Atividade 19 – Conhecendo figuras geométricas 30

Lição 5 – A dança no Brasil **31**
- Atividade 20 – A dança da minha região 32
- Atividade 21 – Vamos dançar! 33
- Atividade 22 – Recorte e montagem de uma flor 34
- **Atividade 23 – Folclore – Lenda do Saci** 35
- Atividade 24 – Colagem com lã 36
- Atividade 25 – Artesanato e colagem 37
- Atividade 26 – Trabalhando com material reciclável 38

Lição 6 – Expressão musical – Famílias dos instrumentos **39**
- Atividade 27 – Os sons de alguns instrumentos 40
- Atividade 28 – Traduzindo a música em desenho 41
- Atividade 29 – Os povos indígenas no Brasil 42
- Atividade 30 – Montagem de uma oca 43
- **Atividade 31 – É Natal! – Composição plástica** 44
- **Atividade 32 – É Natal! – Recorte e montagem de cartão** 45

ALMANAQUE 47
ADESIVOS 52

LIÇÃO 1

OBSERVANDO E APRENDENDO CORES

Todas as coisas possuem cor. Existem algumas coisas que têm a mesma cor e formas diferentes. Outras têm formas iguais e cores diferentes.

Estas imagens têm as mesmas cores e formas diferentes.

Estas imagens têm a mesma forma e cores diferentes.

CONHECENDO AS CORES PRIMÁRIAS

As cores primárias são: vermelho ●, amarelo ● e azul ●.

Observe esta imagem de uma pintura de Gustavo Rosa. Seu título é *Gata*. Foi confeccionada com tinta a óleo, sobre tela, e o artista usou principalmente as cores primárias.

Gata (2006), de Gustavo Rosa. Óleo sobre tela, 40 cm × 50 cm.

 **ATIVIDADE 2**

TRABALHANDO COM AS CORES PRIMÁRIAS

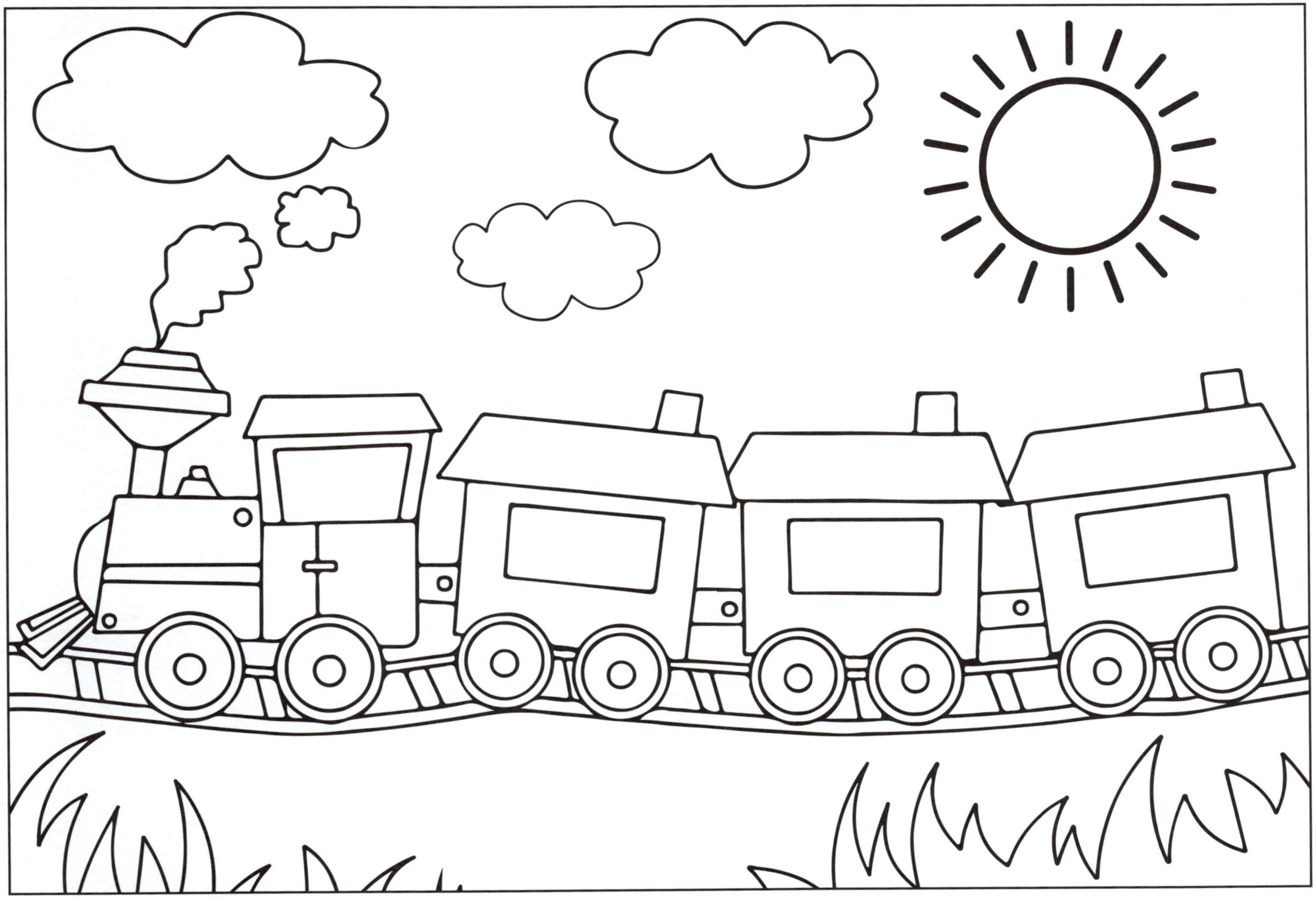

ATIVIDADE 3

DESENHANDO E PINTANDO COM AS CORES PRIMÁRIAS

ATIVIDADE 4

PINTANDO SOBRE LIXA

JOSÉ LUÍS JUHAS

É TEMPO DE PÁSCOA – RECORTE E COLAGEM

ATIVIDADE 6

COMPLETANDO E DESENHANDO LINHAS

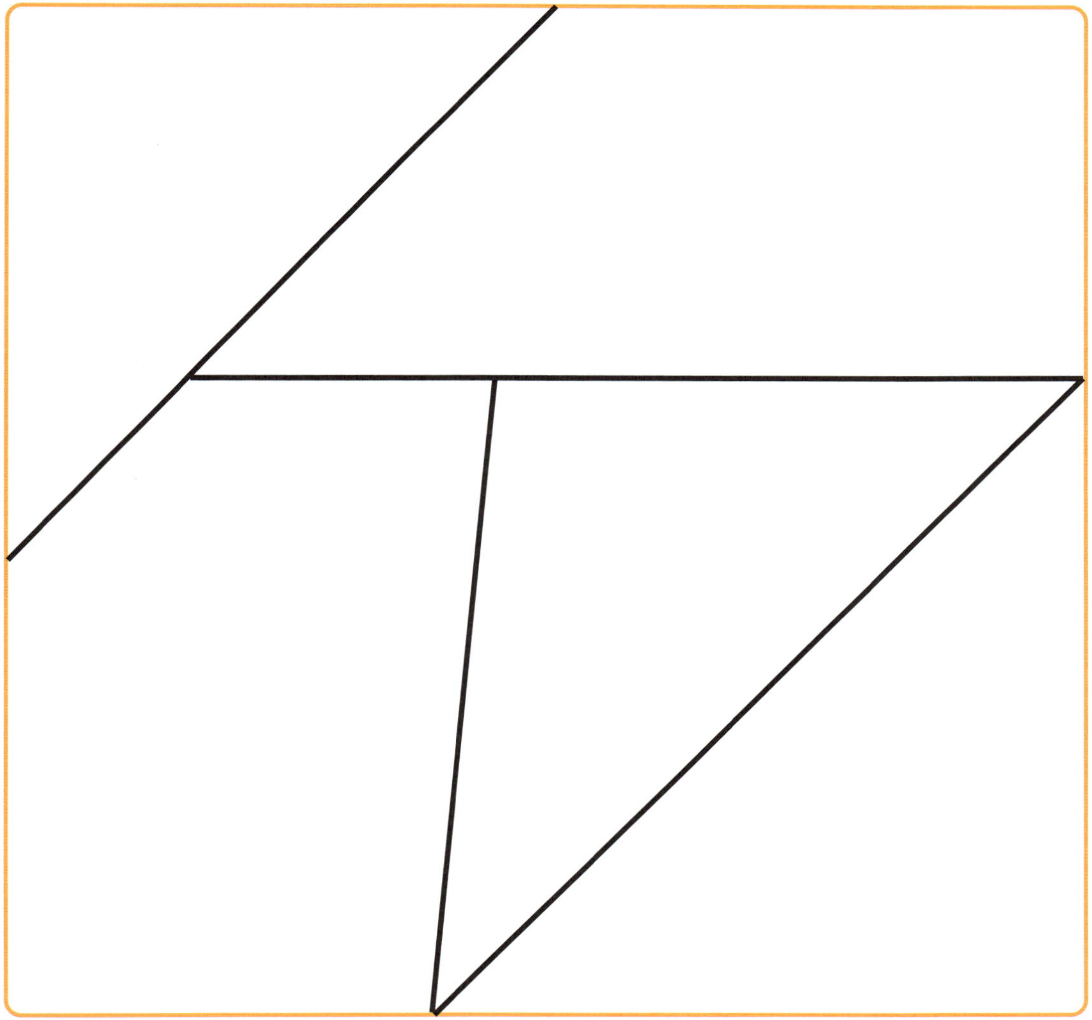

13

ATIVIDADE 7

RECORTE, DOBRADURA E MONTAGEM – GATO

ATIVIDADE 7

CONTINUAÇÃO

ESPAÇO PARA A COLAGEM DO GATO

LIÇÃO 2

CONHECENDO AS CORES SECUNDÁRIAS

As cores secundárias são as cores obtidas da mistura de duas cores primárias em partes iguais.

Azul + amarelo resulta na cor verde.
Amarelo + vermelho resulta na cor laranja.
Vermelho + azul resulta na cor roxa.

Caminho com ciprestes sob céu estrelado (1890), de Vincent van Gogh. Óleo sobre tela, 92 cm × 73 cm.

Vincent van Gogh (1853-1890)

O pintor holandês Vincent van Gogh criou um estilo próprio de pincelada, o que fez com que suas pinturas tivessem um efeito diferente. Pintou muitos quadros, mas durante sua vida vendeu apenas um. Contudo, depois de sua morte, suas obras ganharam reconhecimento mundial.

 **ATIVIDADE 8**

TRABALHANDO COM AS CORES SECUNDÁRIAS

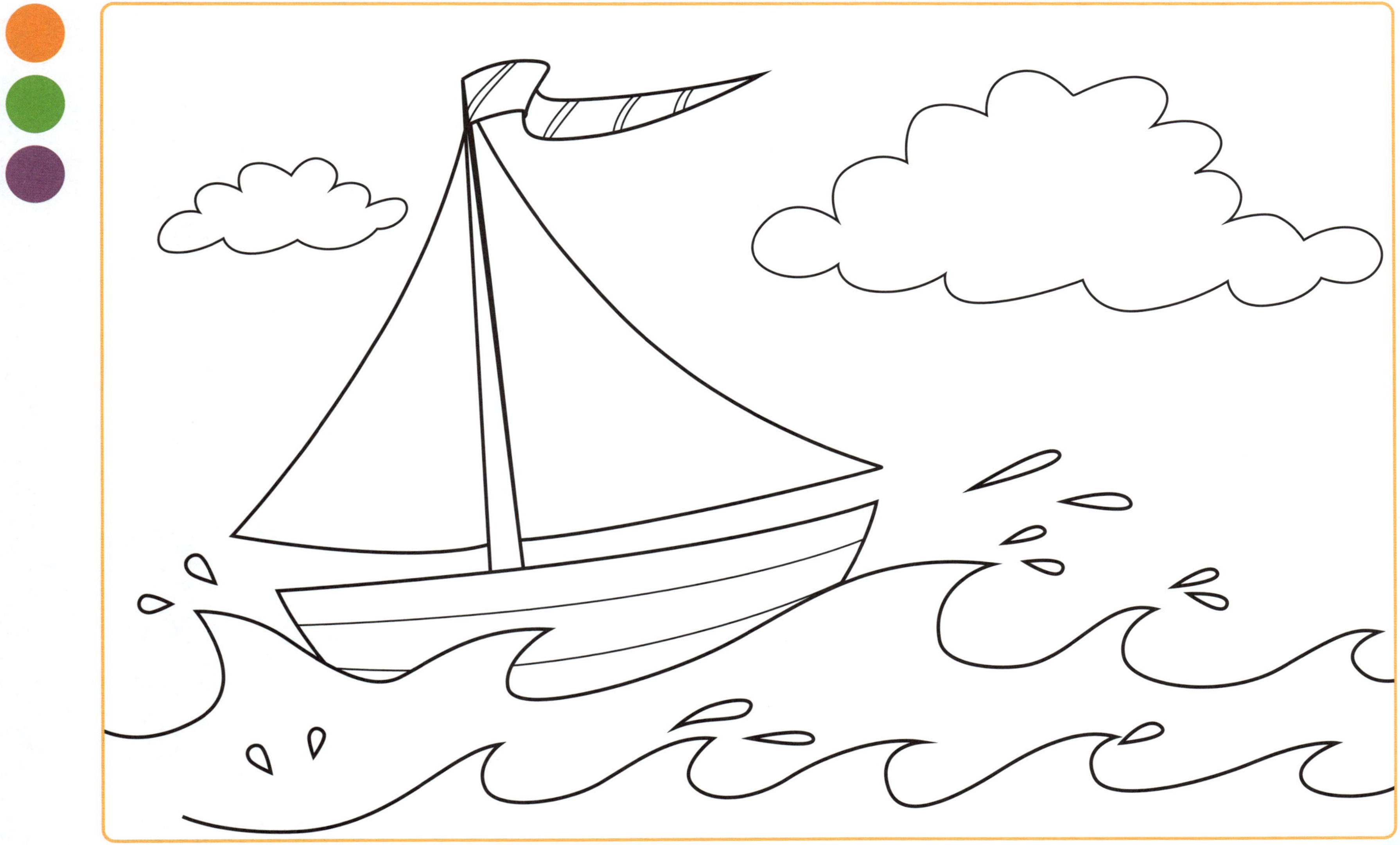

 **ATIVIDADE 9**

PINTANDO COM TINTA GUACHE – CORES SECUNDÁRIAS

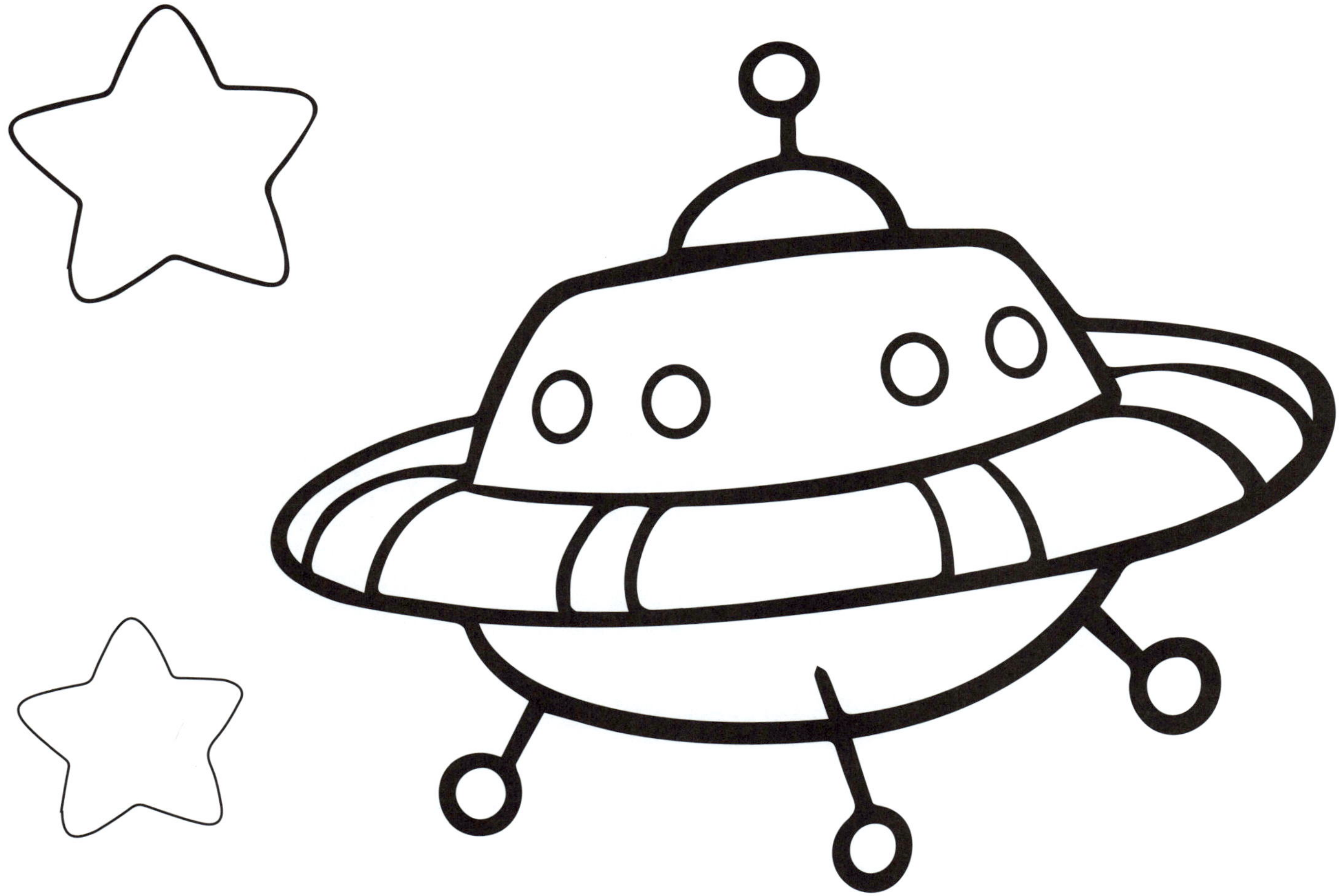

ATIVIDADE 10

DIA DAS MÃES – CARTÃO

ATIVIDADE 11

PINTANDO COM AS CORES PRIMÁRIAS E SECUNDÁRIAS

ATIVIDADE 12

RASGAR PAPEL TAMBÉM É ARTE

LIÇÃO 3

TEATRO DE SOMBRAS

O teatro de sombras é uma evolução do teatro de sombra chinês. Combina leitura, atuação dos participantes, música e um texto adequado à faixa etária.

O teatro de sombras é um modo antigo de se contar histórias, que usa figuras planas e recortadas (bonecos de sombra), que são colocadas entre uma fonte de luz e uma tela translúcida.

ATIVIDADE 13

TEATRO DE SOMBRA COM AS MÃOS

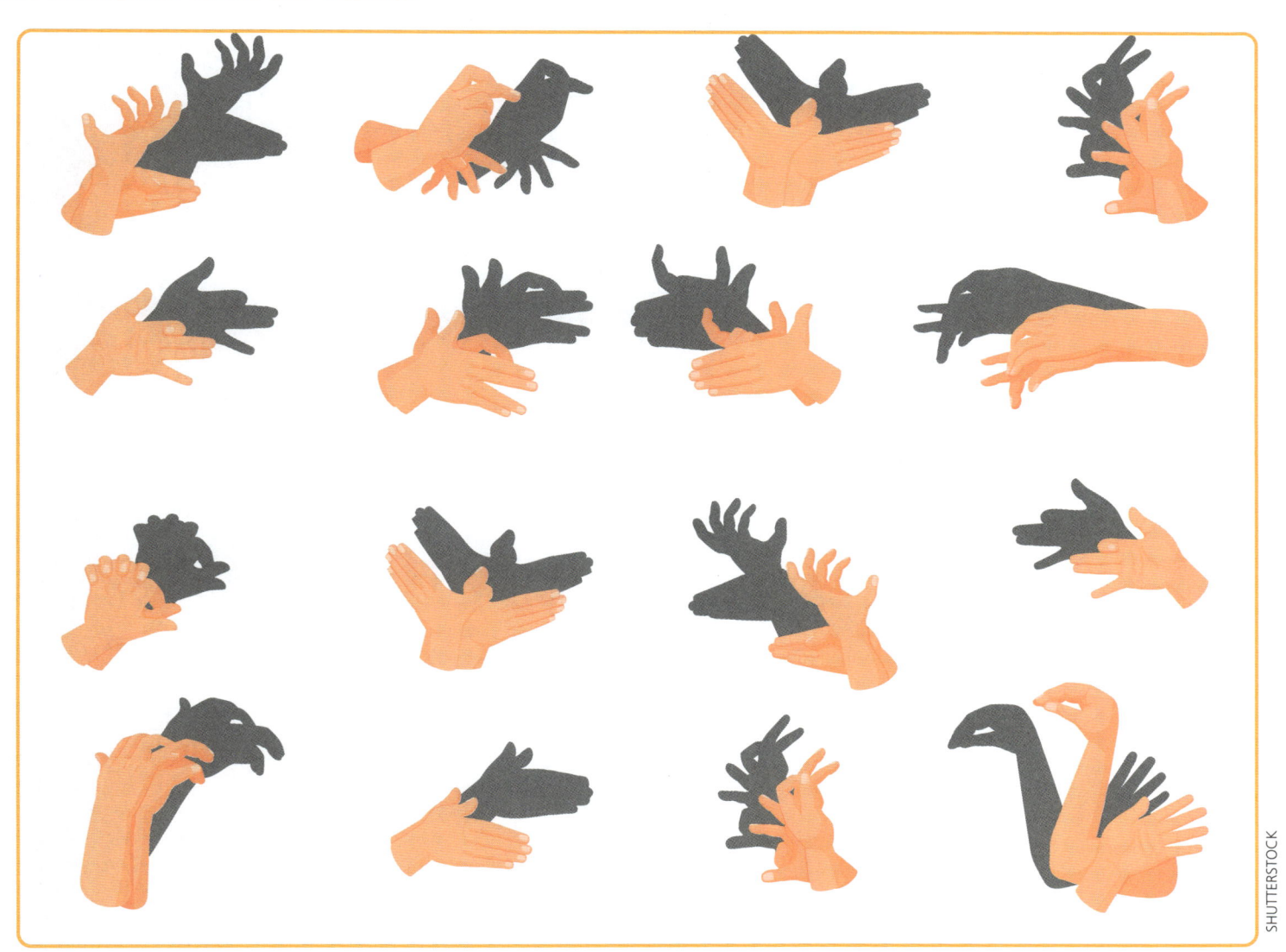

ATIVIDADE 14

TEATRO DE SOMBRA COM BONECOS DE VARA

ACERVO DAS AUTORAS

24

ATIVIDADE 15

JOGOS TEATRAIS

ATIVIDADE 16

DIA DOS PAIS – CARTÃO

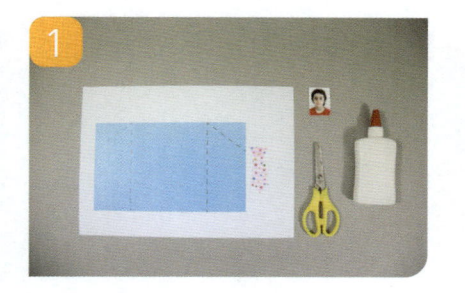

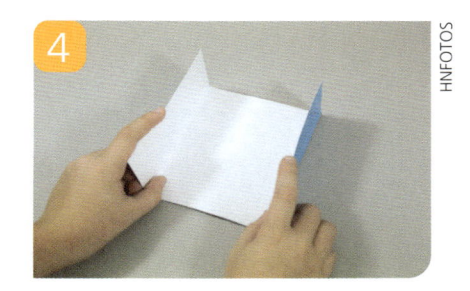

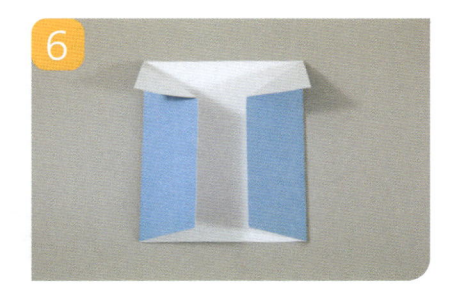

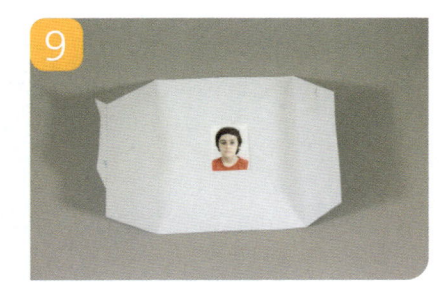

LIÇÃO 4

CONHECENDO TARSILA DO AMARAL

Tarsila do Amaral (1886-1973)

A artista brasileira nasceu na Fazenda São Bernardo, no município de Capivari, interior do estado de São Paulo. Estudou Arte na Europa, participou do movimento modernista no Brasil e produziu muitas pinturas. Suas obras lhe renderam fama nacional e internacional.

O lago (1928), de Tarsila do Amaral. Óleo sobre tela, 75,5 cm × 93 cm.

COLEÇÃO PARTICULAR

ATIVIDADE 17

PINTANDO A OBRA *O LAGO*, DE TARSILA DO AMARAL

ATIVIDADE 18

PINTANDO COM GIZ DE CERA

ATIVIDADE 19

CONHECENDO FIGURAS GEOMÉTRICAS

LIÇÃO 5

A DANÇA NO BRASIL

Carimbó – dança típica da região Norte. Apresentação de carimbó pela Companhia Trupé de Artes em Pirapora do Bom Jesus, SP.

Forró – dança típica da região Nordeste. Baile de forró em Fortaleza, CE.

Samba – dança típica da região Sudeste. Apresentação da escola de samba Rosas de Ouro em São Paulo, SP.

Fandango – dança típica da região Sul. Apresentação da dança em Santa Maria, RS.

Catira – dança típica da região Centro-Oeste. Apresentação de dança catira em Santos, SP.

ATIVIDADE 20

A DANÇA DA MINHA REGIÃO

ATIVIDADE 21

VAMOS DANÇAR!

ATIVIDADE 22

RECORTE E MONTAGEM DE UMA FLOR

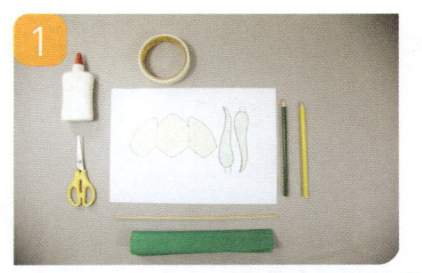

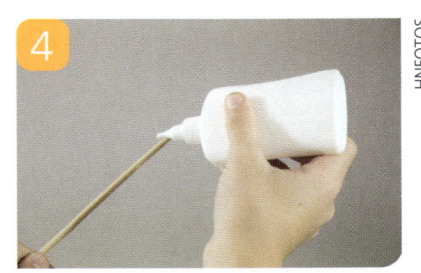

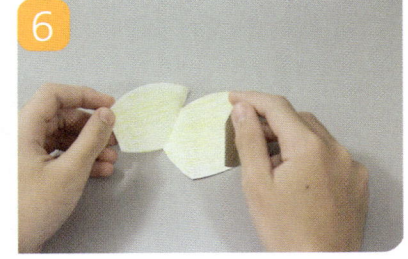

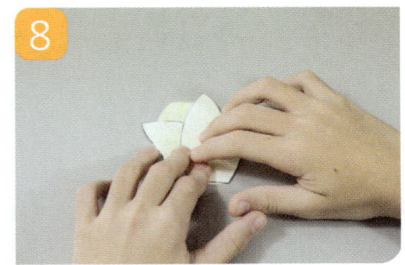

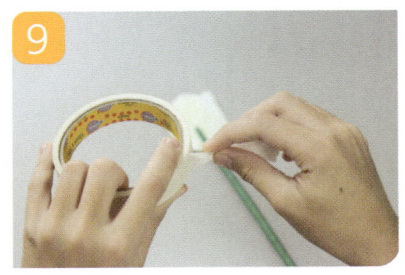

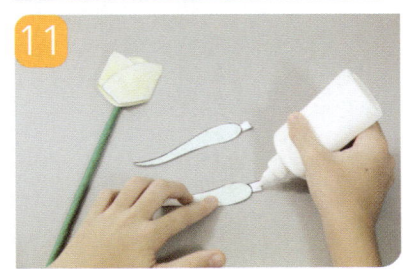

ATIVIDADE 23

FOLCLORE – LENDA DO SACI

Lenda do Saci

A lenda do Saci é uma das mais simbólicas do nosso folclore. O Saci é travesso, tem uma perna só e usa uma carapuça vermelha, que lhe concede poderes mágicos.

O Saci-Pererê, conhecido como Saci, é muito brincalhão e se diverte aprontando travessuras com crianças, adultos e animais. Faz sumir objetos durante a noite, assobia para assustar os viajantes e trança os cabelos dos animais. Gosta de atrapalhar o serviço das cozinheiras, trocando o sal por açúcar e deixando queimar as comidas.

Saci é o guardião das florestas e das ervas medicinais, e sabe preparar medicamentos usando essas ervas. A lenda garante que para capturar o Saci deve-se arremessar uma rede nos redemoinhos e, depois, após capturá-lo, retirar seu gorro para poder prender o Saci dentro de uma garrafa. Acredita-se que o Saci nasce de um broto de bambu, ficando ali por sete anos. Vive mais setenta e sete anos, fazendo travessuras. Quando o Saci morre, diz a lenda que ele se transforma em um cogumelo venenoso.

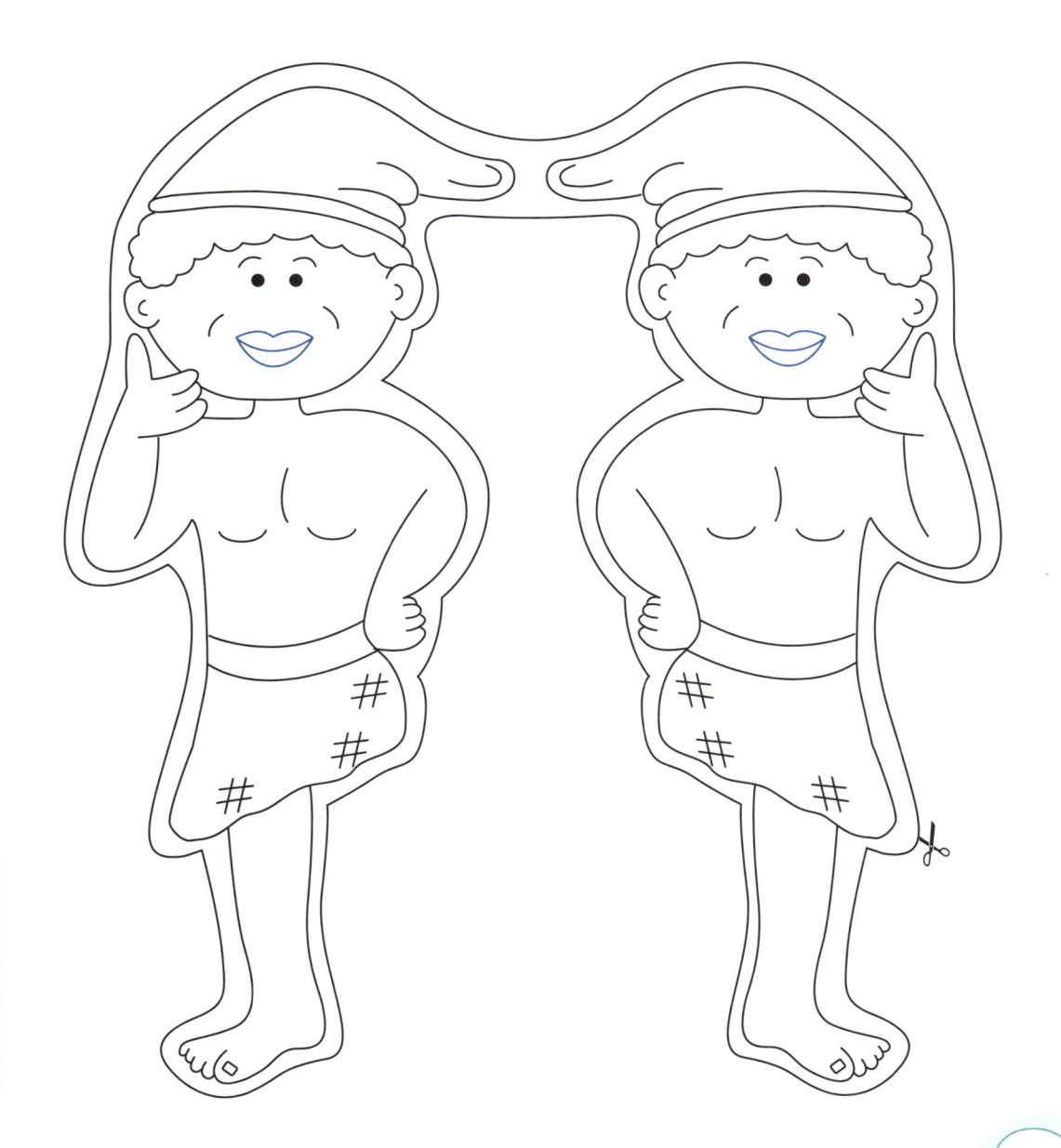

35

ATIVIDADE 24

COLAGEM COM LÃ

ATIVIDADE 25

ARTESANATO E COLAGEM

Material:

- 1 lata vazia;
- lã (um novelo de uma cor ou dois de cores diferentes) ou um rolo de barbante;
- cola branca;
- tesoura com ponta arredondada.

Modo de fazer:

1º Retire o rótulo da lata, lave-a e seque-a bem.

2º Inicie a atividade pela borda da lata. Passe cola aos poucos e vá colando a lã ou o barbante ao redor da lata, procurando esconder a ponta do fio para dar um bom acabamento.

Se usar lã, pode variar a cor e fazer algumas listras coloridas.

3º Quando terminar o trabalho, enfeite a lata como quiser.

Está pronto o seu porta-lápis!

ATIVIDADE 26

TRABALHANDO COM MATERIAL RECICLÁVEL

ACERVO DAS AUTORAS.

38

LIÇÃO 6 — EXPRESSÃO MUSICAL – FAMÍLIAS DOS INSTRUMENTOS

Família das cordas.

Família dos metais / sopro.

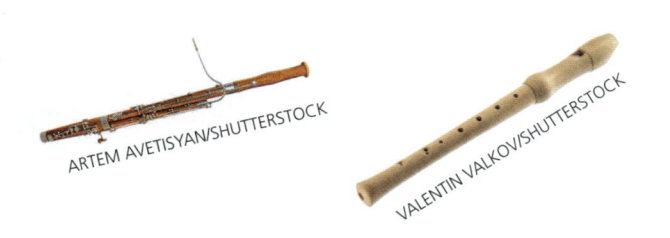

Família das madeiras / sopro.

Família da percussão.

ATIVIDADE 27

OS SONS DE ALGUNS INSTRUMENTOS

ILUSTRAÇÕES: SHUTTERSTOCK

ATIVIDADE 28

TRADUZINDO A MÚSICA EM DESENHO

OS POVOS INDÍGENAS NO BRASIL

Os povos indígenas brasileiros compõem muitas tribos diferentes, cada uma com sua língua, seus costumes e suas características. Na arte indígena, é comum o uso de elementos encontrados na natureza, como galhos, palha, cipós, penas, ossos de animais e barro (argila).

Entre outras coisas, produzem cestos que podem ser usados para guardar seus objetos, como arco e flecha, além de potes de cerâmica para guardar alimentos e transportar água. A arte indígena apresenta, ainda, máscaras e pintura corporal. Nela encontramos desenhos elaborados com formas geométricas ou espiraladas, vários deles inspirados em elementos da natureza.

Observe as imagens a seguir.

Instrumentos musicais indígenas da região do Xingu, MT.

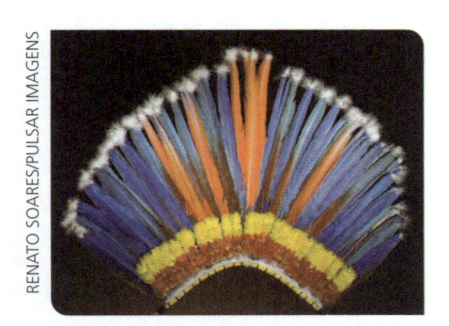

Arte plumária Bororo. Acervo Memorial da América Latina, São Paulo, SP.

Cerâmica Marajoara. Acervo Museu Paraense Emílio Goeldi, Belém, PA.

Cestaria Kaiapó. Acervo Memorial da América Latina, São Paulo, SP.

ATIVIDADE 30 — CONTINUAÇÃO

MONTAGEM DE UMA OCA

Aldeia Kamayura, Mato Grosso, 2008.

ATIVIDADE 31

É NATAL! – COMPOSIÇÃO PLÁSTICA

ATIVIDADE 32

É NATAL! – RECORTE E MONTAGEM DE CARTÃO

Material:
- tesoura com ponta arredondada;
- cola em bastão;
- lápis grafite.

Modo de fazer:

1º Recorte as seis peças da página 46;
2º Cole a peça 2 (rosto) sobre a peça 1, centralizando-a no meio do triângulo;
3º A seguir, sobre o rosto, cole a peça 3, base do chapéu.
4º Depois, cole na ponta do triângulo a peça 6 (pompom).
5º Dobre a peça 4 na linha tracejada. Em seu interior, escreva uma mensagem de Natal. Cole, conforme a foto, sobre a metade do rosto, formando a barba do Papai Noel.
6º Finalize colando a peça 5 (nariz).

Está pronto um lindo Papai Noel que é também um cartão de Natal!

ATIVIDADE 32

CONTINUAÇÃO

É NATAL! – RECORTE E MONTAGEM DE CARTÃO

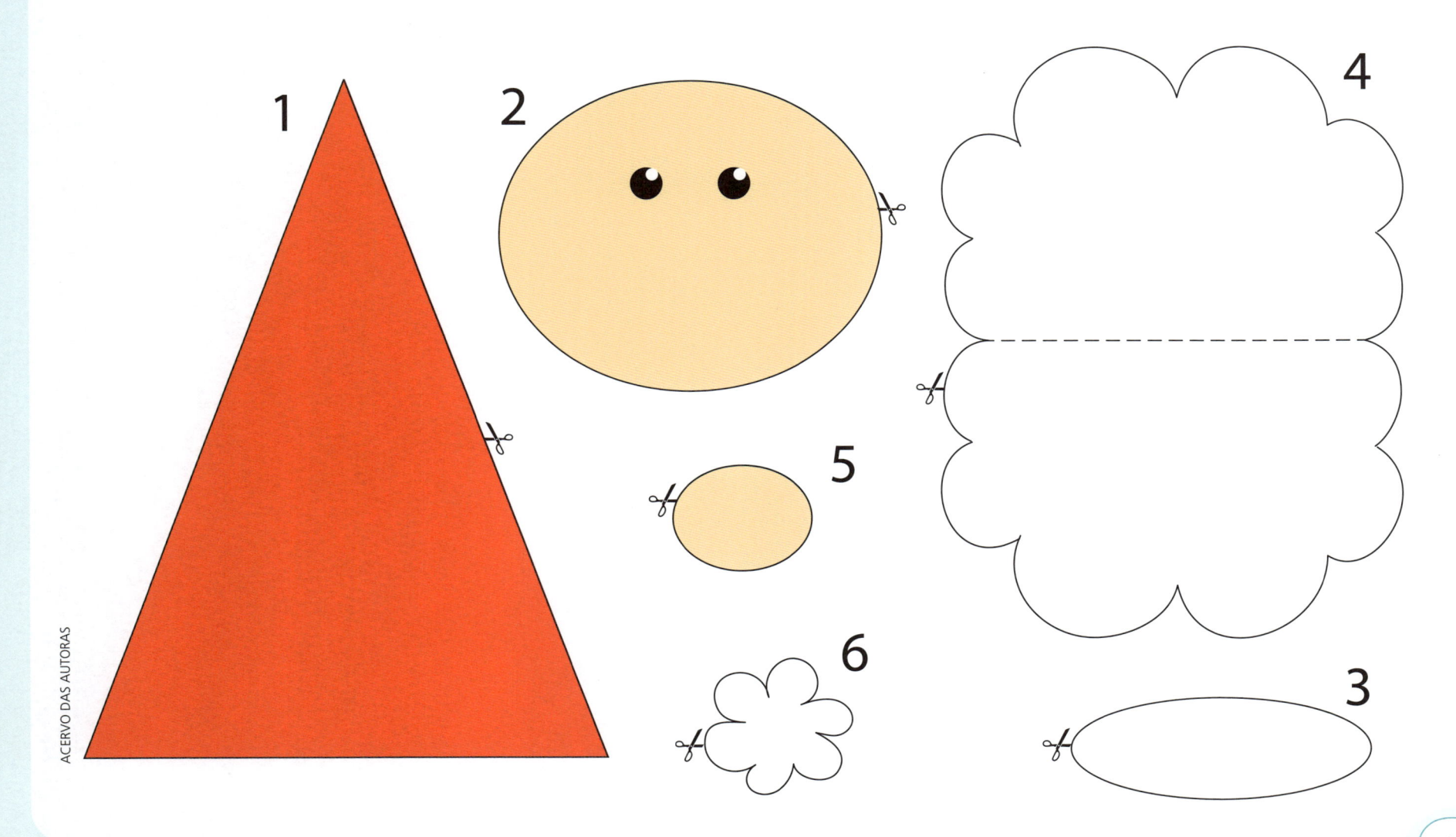

1

2

3

4

5

6

46

Coleção
Eu gosto m@is

ALMANAQUE

LIÇÃO 1

ATIVIDADE 5

ALMANAQUE

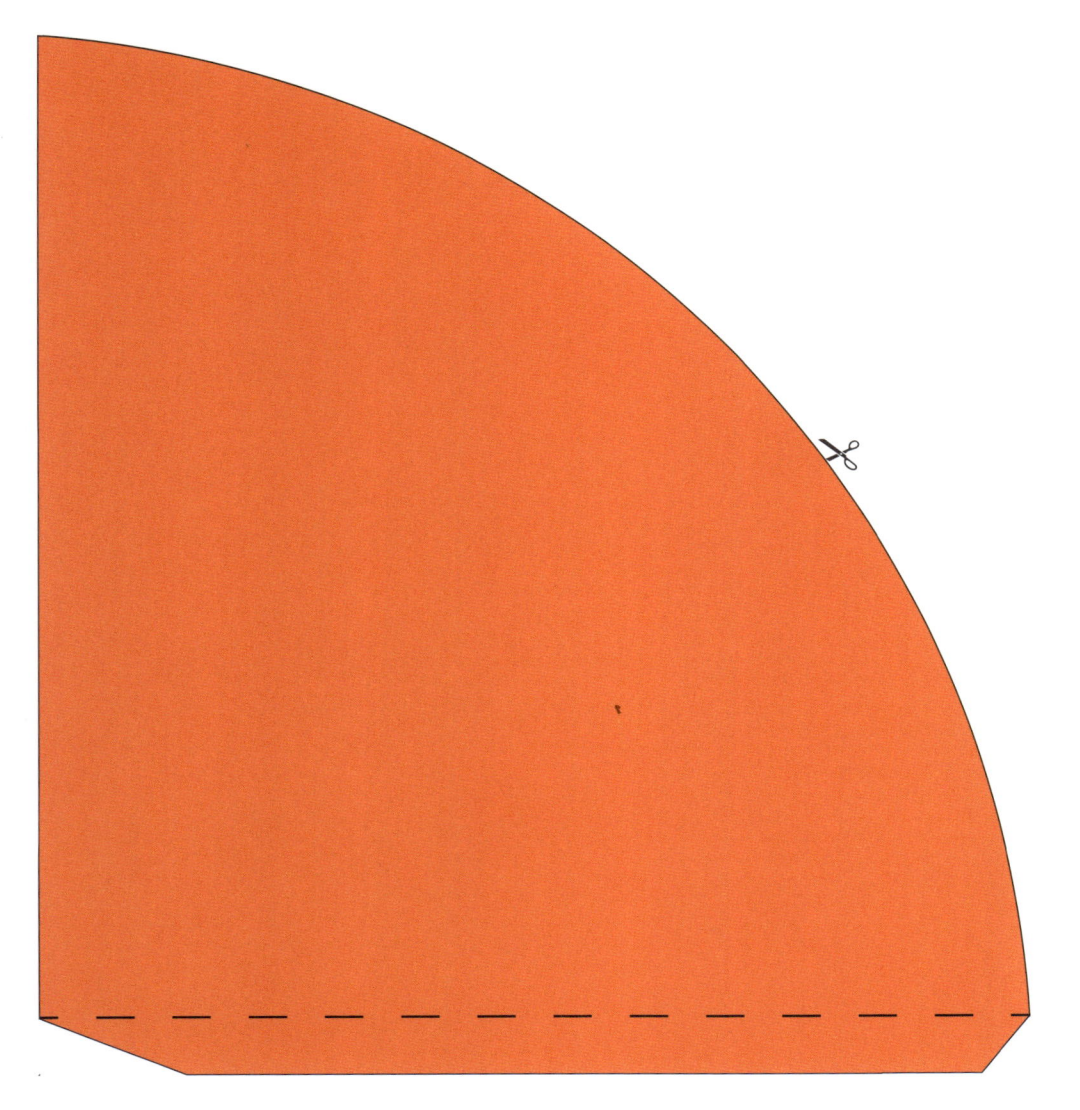

Parte integrante da Coleção Eu Gosto M@is - Arte 2º ano - IBEP.

48

LIÇÃO 2

ATIVIDADE 10

ALMANAQUE

Parte integrante da Coleção Eu Gosto M@is - Arte 2º ano - IBEP.

49

LIÇÃO 3

ATIVIDADE 16

ALMANAQUE

LIÇÃO 5

ATIVIDADE 22

ALMANAQUE

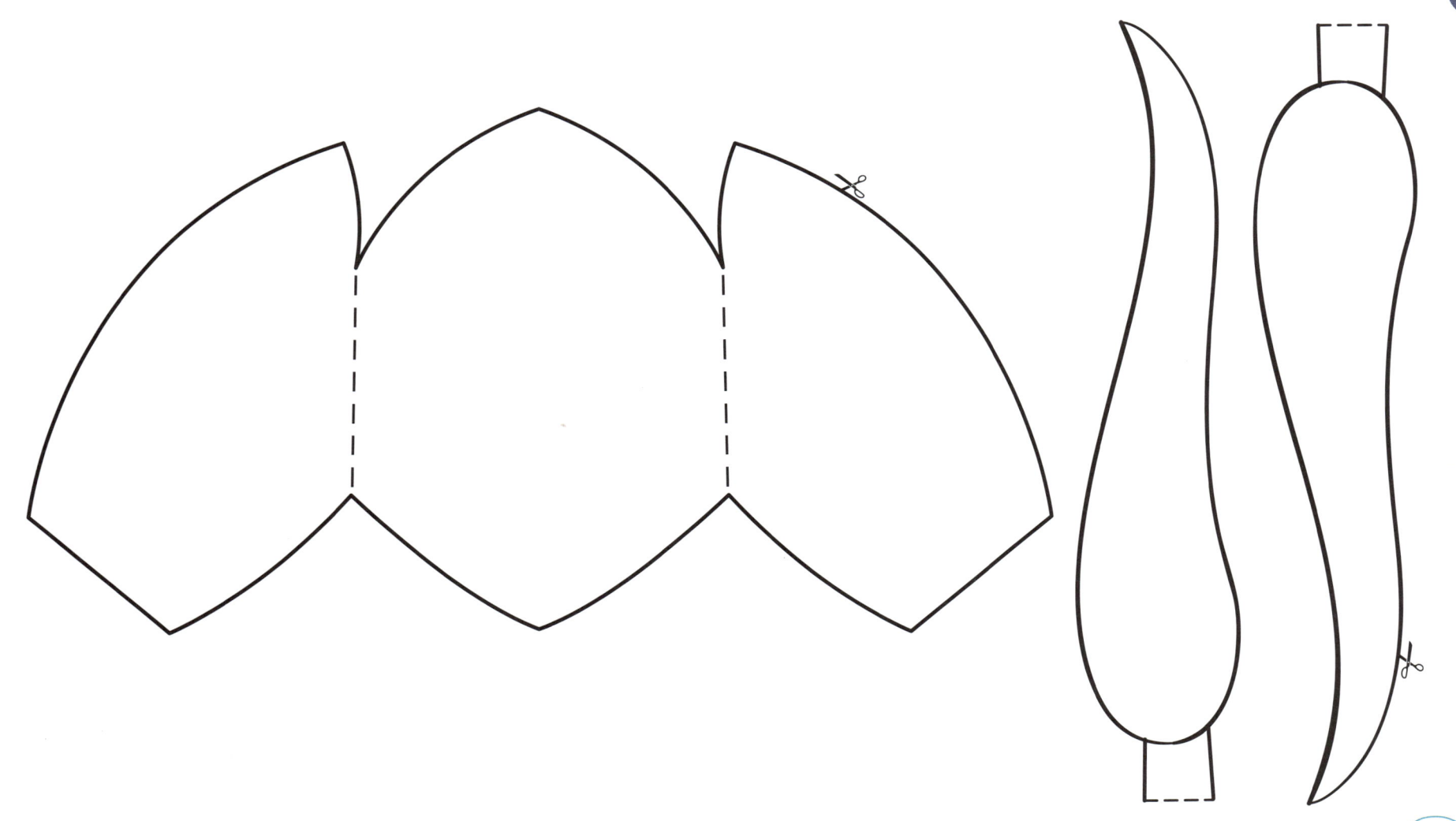

51

Parte integrante da Coleção Eu Gosto M@is - Arte 2º ano - IBEP.

LIÇÃO 1 — ATIVIDADE 7

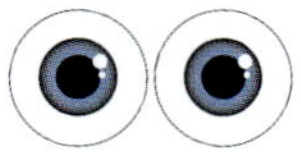

LIÇÃO 6 — ATIVIDADE 30

LIÇÃO 2 — ATIVIDADE 10

ADESIVOS

Parte integrante da Coleção Eu Gosto M@is - Arte 2º ano - IBEP.

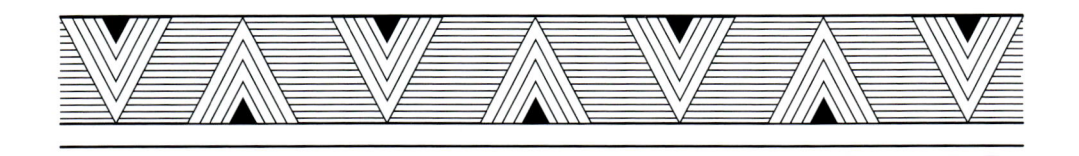

LIÇÃO 6

ATIVIDADE 31

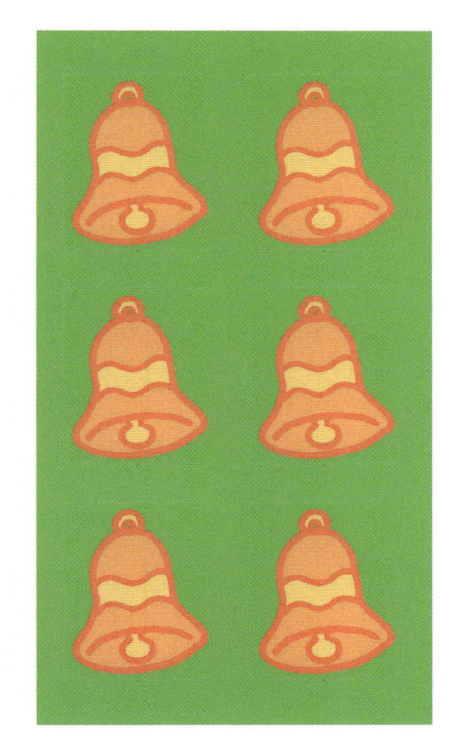

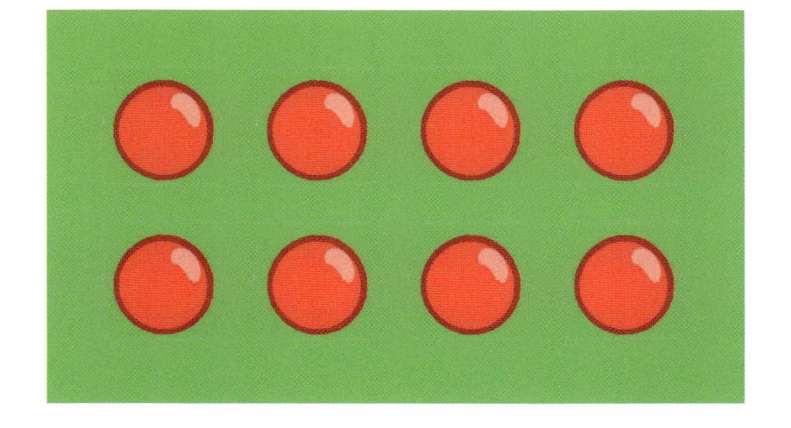

ADESIVOS

53